PowerKids Readers:

The Bilingual Library of the United States of America™

Bilingual Edition
English/Spanish
Edición bilingüe

COLORADO

JOSÉ MARÍA OBREGÓN

Traducción al español: María Cristina Brusca

The Rosen Publishing Group's
PowerKids Press™ & Editorial Buenas Letras™
New York

Published in 2005 by The Rosen Publishing Group, Inc.
29 East 21st Street, New York, NY 10010

First Edition

Photo Credits: Cover © 1997 Digital Vision; pp. 5, 26 © Joseph Sohm/The Image Works; p. 7 © 2002 Geoatlas; pp. 9, 31 (Mountain Chain) © James Randklev/Corbis; pp. 11, 31 (Reddish) © Photocyclops.com/SuperStock, Inc.; p. 13 © Tom Bean/Corbis; p. 15 © Getty Images; p. 17 © Time Life Pictures/Getty Images; p. 19 © SuperStock, Inc.; p. 21 © Patricia Barry Levy/Index Stock Imagery, Inc.; p. 23 © Ken Redding/Corbis; pp. 25, 30 (Capital) © Bill Ross/Corbis; p. 30 (Rocky Mountain Columbine) © Michael & Patricia Fogden/Corbis; p. 30 (Lark Bunting) © Anthony Mercieca/Animals Animals/Earth Scenes; p. 30 (Colorado Blue Spruce) © Wolfgang Kaehler/Corbis; p. 30 (Aquamarine) © Lawrence Lawry/Photo Researchers, Inc.; p. 31 (Fairbanks) © Michael Nicholson/Corbis; p. 31 (Dempsey) © Bettmann/Corbis; p. 31 (Chase) © AP/Wide World Photo; p. 31 (Handler) © Michael Williams/Getty Images; p. 31 (Denver) © Neal Preston/Corbis; p. 31 (Elway) © Jeff Haynes/AFP/Getty Images.

Library of Congress Cataloging-in-Publication Data

Obregón, José María, 1963–
   Colorado / José María Obregón ; traducción al español, María Cristina Brusca.— 1st ed.
      p. cm. — (The bilingual library of the United States of America)
   Includes bibliographical references and index.
   ISBN 1-4042-3070-X (library binding)
   1. Colorado—Juvenile literature. I. Title. II. Series.

F776.3.O27 2005
978.8–dc22

2004029730

Manufactured in the United States of America

Due to the changing nature of Internet links, Editorial Buenas Letras has developed an online list of Web sites related to the subject of this book. This site is updated regularly. Please use this link to access the list:

http://www.buenasletraslinks.com/ls/colorado

Contents

1 Welcome to Colorado   4
2 Colorado Geography   6
3 Colorado History   12
4 Living in Colorado   18
5 Let's Draw Colorado's State Flag   26
Timeline/Colorado Events   28–29
Colorado Facts   30
Famous Coloradans/Words to Know   31
Resources/Word Count/Index   32

Contenido

1 Bienvenidos a Colorado   4
2 Geografía de Colorado   6
3 Historia de Colorado   12
4 La vida en Colorado   18
5 Dibujemos la bandera de Colorado   26
Cronología/Eventos en Colorado   28–29
Datos sobre Colorado   30
Coloradinos famosos/Palabras que debes saber   31
Recursos/Número de palabras/Índice   32

Welcome to Colorado

Colorado became a state in 1876. That year America observed 100 years of independence. That is why Colorado is known as the Centennial State.

Bienvenidos a Colorado

Colorado llegó a ser un estado en 1876. Ese año, Estados Unidos celebró los 100 años de su independencia. Por esta razón Colorado es conocido como el Estado del Centenario.

Colorado Flag and State Seal

Bandera y escudo de Colorado

Colorado Geography

Colorado borders the states of Arizona, Utah, Wyoming, Nebraska, Kansas, Oklahoma, and New Mexico.

Geografía de Colorado

Colorado linda con los estados de Arizona, Utah, Wyoming, Nebraska, Kansas, Oklahoma y Nuevo México.

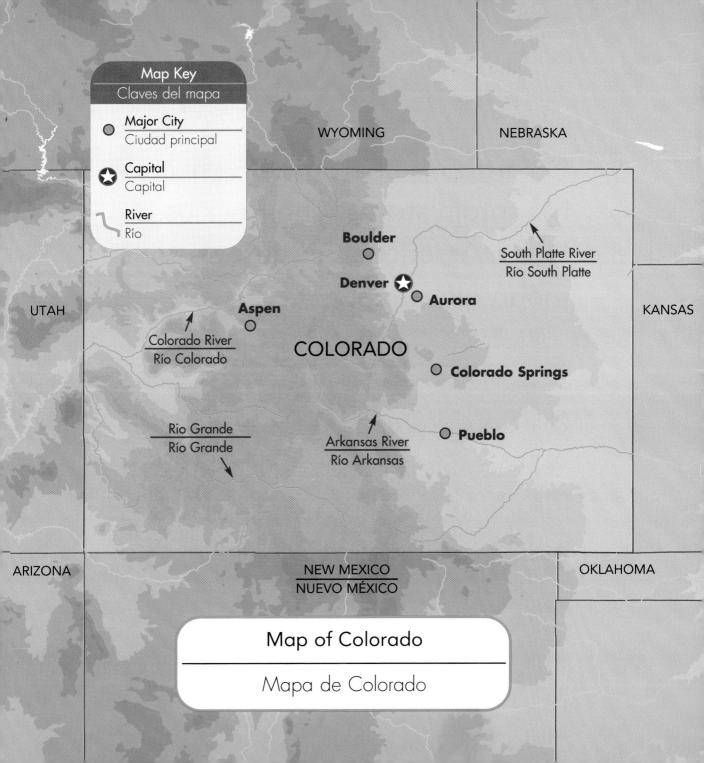

WYOMING

NEBRASKA

UTAH

KANSAS

ARIZONA

NEW MEXICO
NUEVO MÉXICO

OKLAHOMA

COLORADO

Map Key
Claves del mapa

Major City
Ciudad principal

Capital
Capital

River
Río

Boulder

Denver

Aurora

Aspen

South Platte River
Río South Platte

Colorado River
Río Colorado

Rio Grande
Río Grande

Arkansas River
Río Arkansas

Colorado Springs

Pueblo

Map of Colorado

Mapa de Colorado

Colorado is one of the Rocky Mountain states. The Rockies are North America's biggest mountain chain.

Colorado es uno de los estados de las Montañas Rocosas. Las Rocosas forman la cadena de montañas más grande de América del Norte.

The San Juan Mountains in the Colorado Rockies

Las Montañas San Juan en las Rocosas de Colorado

The name Colorado comes from a Spanish word that means "colored" or "the color red." The name describes the reddish color of the Colorado River.

El nombre Colorado viene del idioma español y quiere decir "de color rojo". El nombre describe el color rojizo del Río Colorado.

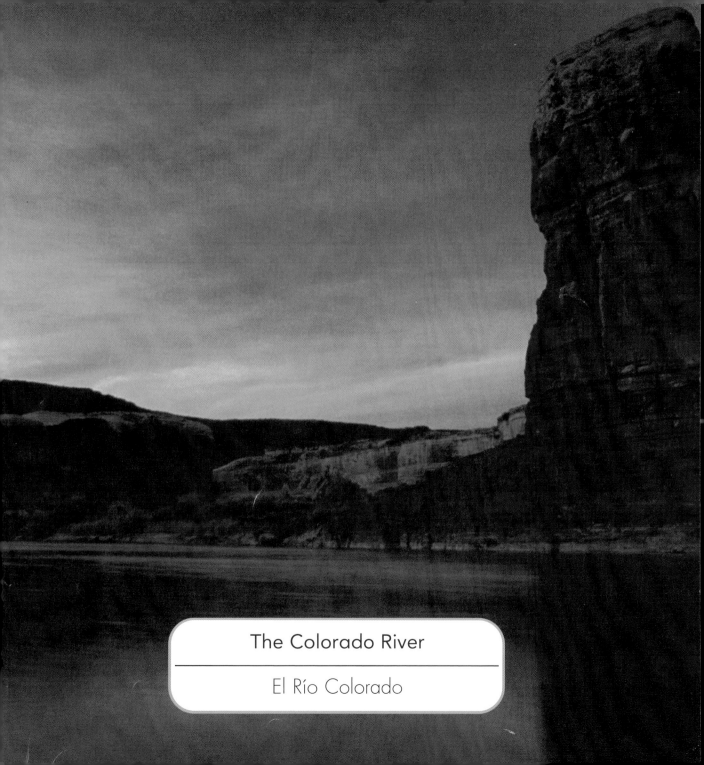

The Colorado River

El Río Colorado

Colorado History

About 1,000 years ago the Anasazi Indians lived in Colorado. They cut stone houses into cliffs. They built entire villages this way.

Historia de Colorado

La tribu Anasazi vivió en Colorado hace aproximadamente 1,000 años. Los anasazis construyeron casas de piedra en riscos. De esa manera construyeron pueblos enteros.

Anasazi Indian Cliff Palace at Mesa Verde National Park

Palacio anasazi en un risco del Parque Nacional Mesa Verde

Chief Ouray was a great Ute Indian leader. The Ute Indians wanted to protect their land from the settlers. In 1861, they went to war. In these difficult times, Chief Ouray worked for peace.

El jefe Ouray fue un gran líder de la tribu Ute. Los Ute querían proteger sus tierras de los colonos. En 1861, comenzaron una guerra. En estos tiempos tan difíciles, el jefe Ouray trabajó por la paz.

Chief Ouray Around 1870

El jefe Ouray, alrededor de 1870

Horace Tabor came to Colorado in 1859 looking for gold. Instead he found silver. He became known as the Silver King. Tabor used his money to build buildings in Leadville and Denver, Colorado.

Horace Tabor llegó a Colorado en 1859 en busca de oro. Tabor encontró plata y llegó a ser conocido como el rey de la plata. Tabor usó su dinero para construir edificios en Leadville y Denver, Colorado.

Living in Colorado

Greeley, Colorado, has the world's largest Fourth of July rodeo. It is called the Greeley Independence Stampede and it lasts for two weeks. It even has a rodeo where kids can participate!

La vida en Colorado

En Greeley, Colorado, se realiza el rodeo del 4 de Julio más grande del mundo. Se llama Estampida de la Independencia de Greeley y dura dos semanas. ¡Hasta tiene un rodeo donde participan chicos y chicas!

The Independence Stampede Rodeo in Greeley

El rodeo Estampida de la Independencia, en Greeley

People from Mexico were among Colorado's first settlers. Today Colorado has one of largest Hispanic populations in the United States. Hispanic history is alive in many places in Colorado.

Entre los primeros colonos de Colorado había gente de México. Hoy día, Colorado tiene una de las más grandes poblaciones hispanas de los Estados Unidos. La historia hispana sigue viva en muchos lugares de Colorado.

Cinco de Mayo Festival in Denver

Festival del Cinco de Mayo, en Denver

Colorado's mountains are great for hiking and skiing. People from all over the world visit Colorado's ski areas. Vail and Aspen are well-known places to ski in Colorado.

Las montañas de Colorado son muy buenas para hacer caminatas y para esquiar. Gente de todo el mundo visita las zonas de esquiar de Colorado. Vail y Aspen son lugares para esquiar muy conocidos en Colorado.

Skiers Enjoy Colorado's Mountains

Esquiadores disfrutando de las montañas de Colorado

Denver, Colorado Springs, Aurora, and Boulder are important cities in Colorado. Denver is the capital of the state of Colorado.

Denver, Colorado Springs, Aurora y Boulder son ciudades importantes de Colorado. Denver es la capital del estado de Colorado.

State Capital in Denver

Capitolio del estado en Denver

Activity:
Let's Draw Colorado's State Flag

Actividad:
Dibujemos la bandera de Colorado

1

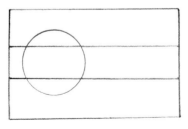

Draw a large rectangle. Draw two lines across it.

Dibuja un rectángulo grande. Dibuja dos líneas a través del rectángulo.

2

Draw a circle inside the rectangle. It is on the left side.

Dibuja un círculo adentro del rectángulo. El círculo está en el lado izquierdo.

26

3

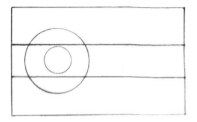

Draw a smaller circle in the center of the large circle.

Dibuja un círculo más pequeño adentro del círculo grande.

4

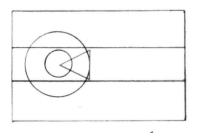

Draw a triangle in the right side of the small circle.

Dibuja un triángulo en el lado derecho de ambos círculos.

5

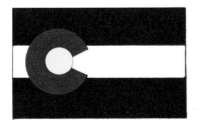

Erase extra lines, and color your flag!

¡Borra las líneas sobrantes y colorea tu bandera!

Timeline | Cronología

Anasazi Indians build cliff dwellings.	**About/ Aprox. 1200**	La tribu Anasazi construye viviendas en los riscos.
French explorer La Salle claims part of Colorado for France.	**1682**	El explorador francés La Salle reclama parte de Colorado para Francia.
Eastern Colorado becomes part of the United States through the Louisiana Purchase.	**1803**	El este de Colorado pasa a ser parte de los Estados Unidos a través de la Compra de Luisiana.
With the end of the Mexican War, Western Colorado becomes part of the United States.	**1848**	Al finalizar la guerra entre México y los Estados Unidos, Colorado forma parte de los Estados Unidos.
Colorado becomes the thirty-eighth state.	**1876**	Colorado se convierte en el estado número treinta y ocho.
Federico Peña becomes Denver's first Hispanic mayor.	**1983**	Federico Peña llega a ser el primer alcalde hispano de Denver.
Wellington Webb is elected Denver's first black mayor.	**1983**	Wellington Webb es el primer alcalde negro electo en Denver.

Colorado Events

January
Snowdown Winterfest in Durango

March
Hozhoni Days Celebration
and Pow Wow in Durango

April
Downtown Boulder Tulip Celebration

June
Cherry Blossom Festival in Denver
Bravo! Vail Valley Music Festival
in Vail

June-July-August
Colorado Shakespeare Festival
in Boulder

August
Colorado State Fair in Pueblo
Adams County Fair and Rodeo
in Brighton

September
Loveland Stone Age Fair

December
Winter Festival and Festival of Lights
Parade in Brighton

Eventos en Colorado

Enero
Festival invernal de la nevada, en Durango

Marzo
Celebración de los días Hozhoni y
pow wow, en Durango

Abril
Celebración del tulipán en el centro
de Boulder

Junio
Festival del pimpollo del cerezo, en Denver
Festival de música ¡Bravo! de Vail Valley,
en Vail

Junio-julio-agosto
Festival Shakespeare de Colorado,
en Boulder

Agosto
Feria del estado de Colorado, en Pueblo
Rodeo y feria del condado de Adams,
en Brighton

Septiembre
Feria de la edad de piedra de Loveland

Diciembre
Desfile del festival de invierno y del
festival de las luces, en Brighton.

29

Colorado Facts/Datos sobre Colorado

Population 4.3 million		Población 4.3 millones
Capital Denver		Capital Denver
State Motto Nothing without Providence		Lema del estado Nada sin la Providencia
State Flower Rocky Mountain columbine		Flor del estado Colombina de las Montañas Rocosas
State Bird Lark bunting		Ave del estado Calandria
State Nickname Centennial State	**100**	Mote del estado Estado del Centenario
State Tree Colorado blue spruce		Árbol del estado Abeto azul de Colorado
State Song "Where the Columbine Grows"	♪	Canción del estado Donde crecen las Colombinas
State Gemstone Aquamarine		Piedra preciosa Aguamarina

Famous Coloradans/Coloradinos famosos

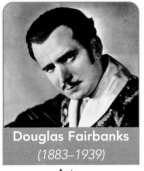

Douglas Fairbanks
(1883–1939)

Actor
Actor

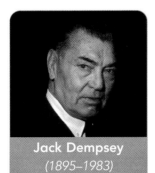

Jack Dempsey
(1895–1983)

Boxer
Boxeador

Mary Coyle Chase
(1907–1981)

Author
Escritora

Ruth Handler
(1916–2002)

Toy maker (Barbie)
Diseñadora de juguetes (Barbie)

John Denver
(1943–1997)

Singer
Cantante

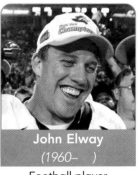

John Elway
(1960–   )

Football player
Jugador de fútbol americano

Words to Know/Palabras que debes saber

border
frontera

centennial
centenario

mountain chain
cadena de montañas

reddish
rojizo

Here are more books to read about Colorado:
Otros libros que puedes leer sobre Colorado:

In English/En inglés:
Colorado
From Sea to Shining Sea
by Brindell Fradin, Dennis
Children Press, 1993

Words in English: 272   Palabras en español: 318

Index

A
Anasazi Indians, 12

B
borders, 6

C
Colorado River, 10

G
Greeley Independence
 Stampede, 18

O
Ouray, chief, 14

T
Tabor, Horace, 16

Índice

A
Anasazi, tribu, 12

E
Estampida del Día de la
 Independencia en
 Greeley, 18

F
fronteras, 6

O
Ouray, jefe, 14

R
río Colorado, 10

T
Tabor, Horace, 16